Nariz de serpiente

Carmelo Salmerón
Ilustrado por Rafael Salmerón

everest

A Concha, por supuesto.

LA ISLA DE LOS MONOS

En medio del mar enorme y azul había una pequeña isla.

En la isla crecían árboles altos con grandes hojas y muchas frutas, y vivían pájaros, serpientes, tortugas, lagartijas, mariposas y moscas. Y, sobre todo, en la isla vivían monos, monos y más monos. Así que no era nada raro que se llamase la Isla de los Monos.

En la Isla de los Monos todo el mundo conocía a todo el mundo, por eso todos vivían tranquilamente.

Pero cierto día, a la Isla de los Monos llegó un tronco que flotaba sobre el mar, y de él descendió un pequeño elefante que estaba dando la vuelta al mundo.

Como el elefantito estaba cansado de navegar, se tumbó a dormir en la playa.

Rafael S.L.

Los monos nunca habían visto un elefante, por eso, cuando lo descubrieron, pensaron: “Es una ballena que se seca al sol”.

Pero de repente, el pequeño elefante se despertó y se puso de pie.

Los monos se miraron entonces con ojos de asombro y dijeron:

—No es una ballena.

—Las ballenas nadan, pero no caminan.

—Las ballenas tienen una larga cola y ninguna pata.

—Y entonces, ¿qué animal es ése?

Uno de los monos señaló la trompa del pequeño elefante y dijo:

—Mirad, es una extraña y enorme serpiente. Tiene una larga cabeza de serpiente, un cuerpo grande y extraño y cuatro extrañas y fuertes patas.

—No puede ser una serpiente —le contestó otro—. Las serpientes, aunque sean muy extrañas, no tienen patas.

—Pues yo creo que, con ese cuerpo grande y extraño, a lo que se parece es a una grande y extraña tortuga —añadió otro más.

—No estoy de acuerdo, porque todas las tortugas, aunque sean muy extrañas, tienen una hermosa concha, y este extraño animal no la tiene.

Lo que estaba muy claro era que aquel animal tampoco podía ser ni un pájaro, ni una lagartija, ni una mariposa ni una mosca. Los monos se sentían verdaderamente asombrados porque no sabían qué clase de animal era aquél.

Pero de pronto, uno de ellos, que tenía fama de ser muy inteligente, movió la cabeza pensativo y dijo:

—Pues yo creo que este extraño animal no es una extraña y

enorme serpiente, ni tampoco una extraña y enorme tortuga. Miradlo bien: lo que sucede es que no es un extraño animal, son dos extraños animales que marchan juntos porque son amigos.

Los otros monos observaron atentamente al elefante y uno de ellos dijo:

—Me parece que Inteligente tiene razón. No es un solo y extraño animal. Son dos extraños animales que marchan juntos. La serpiente va delante y el animal grande va detrás y la lleva sobre su cabeza.

Y otro mono añadió:

—Verdaderamente son dos extraños animales, y parecen muy peligrosos.

—¡Sí, son muy peligrosos! —gritaron los monos, y enseguida cogieron piedras para defenderse, por si los dos extraños y peligrosos animales los atacaban. Después se subieron a las copas de los árboles.

EL PEQUEÑO ELEFANTE DESCUBRE A LOS MONOS

De repente el pequeño elefante alzó la cabeza y descubrió a los monos sobre las copas de los árboles.

¡Qué alegría sintió! En la Selva, de donde él venía, también había monos, y vivían justamente al lado de los elefantes.

Corrió hacia los árboles en los que los monos estaban subidos y, alzando la trompa, saludó:

—¡Buenos días, amigos! Estoy encantado de veros.

Pero los monos, muy asustados, gritaron:

Rafael S.L.

—¡Los dos animales peligrosos quieren atacarnos!

Y comenzaron a tirar piedras al pequeño elefante.

El pequeño elefante se detuvo sorprendido y dijo:

—Pero si soy vuestro amigo, y sólo quiero jugar…

—¡Vete, serpiente, vete! ¡Y tú también, vete, animal extraño! —gritaron los monos, y continuaron arrojándole piedras.

El pequeño elefante miró arriba, miró abajo, miró a un lado, miró a otro y no vio ninguna serpiente ni tampoco ningún animal extraño.

Pero sobre su cabeza cayó una verdadera lluvia de piedras y no tuvo otro remedio que correr a esconderse.

Y mientras tanto, los monos hablaban entre ellos:

—Querían atacarnos.

—Son muy peligrosos.

—Nunca habíamos visto dos animales tan extraños.

—Da miedo mirarlos...

Pero un pequeño mono, al que todos llamaban Entrometido porque era preguntón y curioso, no estaba de acuerdo:

—El gran animal que tiene cuatro fuertes patas no quería atacarnos; estaba asustado, y a mí

no me daba ningún miedo. ¿Sabéis lo que pienso? Que no es amigo de la serpiente y tampoco la lleva sobre su cabeza. Lo que ocurre es que la serpiente le ha aprisionado la nariz y ahora no quiere soltarla.

Los monos rieron y la mamá de Entrometido le tiró de las orejas y le dijo:

—¡Calla, Entrometido, y no enredes más!

Mientras tanto el pequeño elefante salió de su escondite y se alejó por la isla adelante.

Rafael S.L.

Los monos, al verlo, gritaron de nuevo:

—¡Fuera, fuera, serpiente! ¡Fuera, animal extraño!

El pequeño elefante continuó marchando tristemente. Además sentía mucha hambre, su tripa estaba completamente vacía. Alzó la cabeza y vio que, de los altos árboles, colgaban frutas rojas, brillantes y maduras. Estaban diciendo: "cómenos". El pequeño elefante alargó la trompa y no llegó a ellas porque aún era muy joven y no había terminado de crecer. Luego se puso de puntillas y ni aun así las alcanzó. Por último dio un gran salto; pero tampoco así pudo alcanzar la fruta que colgaba de los árboles.

UNA EXTRAÑA NARIZ

El pequeño elefante continuó recorriendo la isla de una punta a otra buscando fruta para comer; pero no conseguía alcanzarla. Y es que en la Isla de los Monos, todos los árboles que tenían frutas colgadas eran muy altos, demasiado altos para un pequeño elefante.

Al fin, el pequeño elefante se cansó y fue a sentarse a la sombra de un árbol que estaba justo al borde del mar.

Seguía teniendo mucha hambre y pensó que, como en la Isla de los Monos no podía conseguir comida, lo mejor sería buscar el tronco que aún flotaba en el mar y marcharse a otra parte.

Pero Entrometido, que lo había seguido saltando de árbol en árbol y de rama en rama, pensó: "El pobre… tiene mucha

hambre, y esa malvada serpiente le hace mucho daño en la nariz. Le daré tres plátanos para consolarlo".

—¡Chist, chist! —llamó.

El pequeño elefante levantó la cabeza.

—¿Te gustan? —preguntó Entrometido enseñándole tres dorados y maduros plátanos.

El pequeño elefante suspiró de gusto y se relamió. ¡Claro que le gustaban los plátanos!

Entrometido comenzó a bajar del árbol con precaución. Debía tener cuidado con la malvada serpiente que había aprisionado la nariz del pobre animal de cuatro fuertes patas. Por eso no la perdía de vista.

Y de repente, el monito dio un paso en falso y cayó al agua.

—¡Socorro, socorro, socorro! —gritó.

Los monos acudieron rápidamente, de árbol en árbol y de rama en rama, y gritaron de espanto al ver que hacia él nadaba un enorme tiburón.

El pequeño elefante no lo dudó un momento y se tiró de cabeza al mar, después alargó su trompa y cogió al asustado monito antes de que lo atrapara el tiburón.

—¡Los peligrosos y extraños animales han apresado a nuestro Entrometido! —gritaron los monos cuando vieron que el pequeño elefante salía del agua llevando al monito fuertemente sujeto con la trompa.

—¡Pobre, pobre Entrometido! —lloraba su mamá.

Pero el elefantito dejó al pequeño mono sobre la arena y no le hizo ningún daño.

Entrometido, después de toser varias veces seguidas, agarró con todas sus fuerzas la trompa del pequeño elefante y comenzó a tirar de ella.

—¡Suéltalo, serpiente, suéltalo ahora mismo! —gritaba Entrometido.

—¿Por qué me lastimas? —preguntó el pequeño elefante asombrado.

Rafael S.L.

Entrometido dejó de tirar y también lo miró con ojos de asombro. Y luego dijo:

—Porque esa malvada serpiente te ha apresado la nariz.

El elefantito no podía entenderle. ¿Una serpiente? ¿Dónde estaba esa serpiente?

Entrometido volvió a tirar desesperadamente de su trompa.

—Serpiente, suelta ahora mismo la nariz de mi amigo —gritaba.

Y entonces el pequeño elefante lo entendió todo y comenzó a reír y a reír.

—Pero, si no hay ninguna serpiente, se trata únicamente de mi nariz... Fíjate bien —dijo, y comenzó a mover alegremente la trompa de arriba a abajo y de izquierda a derecha.

Entrometido se fijó bien y también se rió, tanto que casi se cae al suelo de tanta risa:

—Así que lo único que sucede es que tienes una larguísima nariz.

—Sí, eso es lo único que sucede, que tengo una larguísima y estupenda nariz —dijo el elefantito, y continuó moviendo su trompa de arriba a abajo y de izquierda a derecha. Después se metió en el mar, cogió agua y ¡plaf! duchó a Entrometido que huyó riendo.

Entonces el monito y el elefantito rieron juntos. Y cuando

dejaron de reír, el pequeño elefante se comió los tres dorados y maduros plátanos que el monito había cogido para él.

Luego, el pequeño mono subió sobre el pequeño elefante y se divirtieron cabalgando juntos. Los otros monos miraban con asombro y Entrometido les gritaba:

—¡Mirad, no es peligroso, y además es mi amigo! ¡Y no lleva ninguna serpiente sobre la nariz; su nariz tiene forma de serpiente, lo que es completamente distinto!

Los monos observaron al pequeño elefante con gran atención: verdaderamente era un extraño animal; pero no tenía ninguna serpiente sobre la nariz, sólo tenía una extraña nariz con forma de serpiente. De pronto Mono Inteligente pensó en voz alta:

—Estábamos equivocados, creímos que era un animal extraño y peligroso y no lo es. Qué tontos

—¡Hurra! ¡Hurra! ¡Hurra! —gritaron todos.

Después Mono Inteligente preguntó:

—Por cierto, valiente animal, ¿tú quién eres ?

El elefantito sonrió y dijo:

—Yo soy un elefante; pero vosotros podéis llamarme ¡Nariz de Serpiente!

Inteligente gritó—: ¡Tres hurras por el valiente animal que salvó a Entrometido!

fuimos. Nos parecía extraño y peligroso sólo porque no lo conocíamos. En realidad, es un animal valiente y bueno que ha salvado a Entrometido —y luego Mono